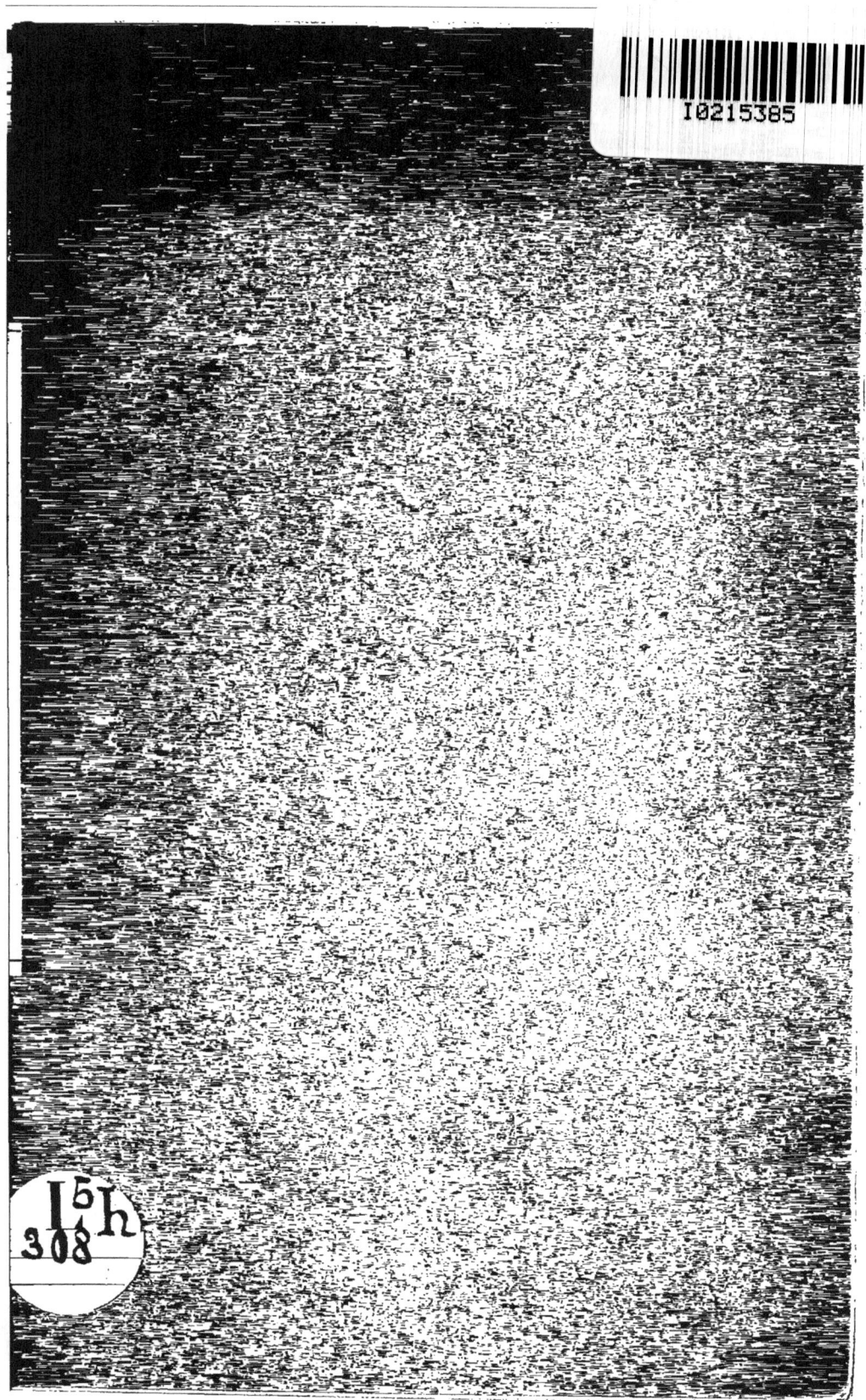

NOTE

RÉDIGÉE DANS UN INTÉRÊT HISTORIQUE,

DANS LE COURANT DE JANVIER 1858, D'APRÈS LES SOUVENIRS DE PLUSIEURS OFFICIERS GÉNÉRAUX ET SUPÉRIEURS AYANT PRIS PART A L'ASSAUT DE

MALAKOFF

ET RÉUNIS EN CONFÉRENCE

Par le général de MAC MAHON.

AUTUN

IMPRIMERIE DE L. DUPLOYER.

1861

NOTE

INDIQUANT LES MOUVEMENTS DES DIVERS CORPS AYANT PRIS PART A L'ASSAUT ET A LA DÉFENSE DE

MALAKOFF

LE 8 SEPT. 1855.

La colonne d'assaut, chargée d'enlever aux Russes l'ouvrage de Malakoff, était composée ainsi qu'il suit :

ÉTAT MAJOR.

Général, commandant la division : M. de Mac Mahon.
Chef d'état major : M. le colonel Lebrun.
Commandant de l'artillerie : M. Joly-Frigola, chef d'esc.
Commandant le génie : M. Ragon, chef de bataillon.

TROUPES.

1re Division du 2e corps (division de Mac Mahon).

1re Brigade sous les ordres du colonel Decaen, commandant par intérim.

1er régiment de zouaves,   colonel Collineau.
   (2 bataillons),
7e de ligne (3 bataillons),   colonel Decaen.

2e Brigade sous les ordres du général Vinoy

1er bataillon de chass. à pied, commandant Gambier.
20e de ligne (3 bataillons),   colonel Orianne.
27e de ligne, (3 bataillons).   colonel Adam

Régiment de soutien.

Le régiment de zouaves de la garde impériale, 27 officiers et 600 bayonnettes, (2 bataill.), } colonel Janin.

Brigade de réserve sous les ordres du général Wimffen.

(1re brigade de la 2e division du 2e corps)

3ᵉ régiment de zouaves, colonel de Polhès.
(1 bataillon)
50ᵉ de ligne, (3 bataillons), lieut. col. Nicolas Nicolas.
Régiment de tirailleurs algériens, (2 bataillons), colonel Rose.

Le 8 septembre 1855, à midi, conformément aux dispositions arrêtées par le général en chef, les troupes de la 1ʳᵉ brigade de la 1ʳᵉ division du 2ᵉ corps (division de Mac-Mahon), c'est-à-dire 2 bataillons du 1ᵉʳ régiment de zouaves et 3 bataillons du 7ᵉ de ligne, s'élancèrent en même temps de la 7ᵉ parallèle pour se jeter sur les retranchements ennemis. Ces cinq bataillons opérèrent simultanément leur mouvement de la manière suivante (1) :

(1) Cette note a été rédigée, dans un intérêt historique, dans le courant du mois de janvier 1858, d'après les souvenirs de plusieurs officiers généraux et supérieurs ayant pris part à l'assaut de Malakoff, et réunis en conférence par le général de Mac Mahon
Parmi eux se trouvaient M. le général Decaen (ex colonel du 7ᵉ de ligne), M. le général de Wimffen (ex commandant de la brigade de soutien à l'assaut de Malakoff) M. le général Orianne (ex colonel du 20ᵉ de ligne), M. le colonel d'état-major Lebrun (ex chef d'état-major de la division d'assaut; M. le colonel Douay, commandant le troisième régiment des voltigeurs de la garde impériale; M. Sée, chef de bataillon au 96ᵉ de ligne (ex capitaine au régiment des zouaves de la garde impériale, commandant un bataillon de ce régiment le jour de l'assaut); M. Borel, chef d'escadron d'état-major, aide-de-camp du général de Mac Mahon, M. Gatzmann, capitaine au régiment des zouaves de la garde.

Le 1ᵉʳ bataillon du 1ᵉʳ régiment de zouaves se dirige au pas de course sur l'extrémité de la courtine qui lie Malakoff au petit Redan, se jeta dans le fossé vers le point G (voir le plan), le parcourut un instant par un mouvement de tête de colonne à gauche, gagna ainsi le ... saillant de Malakoff et escalada l'escarpe et le parapet à l'angle d'épaule formé par le saillant et la courtine (point K).

Le 2ᵉ bataillon du même régiment se jeta, pour ainsi dire d'un seul bond, dans le fossé même du saillant, et escalada le parapet un peu à gauche du point où le 1ᵉʳ bataillon le franchissait lui même (au point L).

L'escalade eut lieu sans le secours d'échelles ou d'engins quelconques pour la presque totalité de ces deux premiers bataillons. La queue de la colonne formée par le 2ᵉ bataillon put seule profiter des premières échelles jetées sur ce fossé.

Un certain nombre d'hommes choisis parmi ceux qui marchaient en tête des deux bataillons, avaient été munis de pioches à manche court qui leur furent très utiles. Chaque coup de pioche donné par ces hommes dans les talus d'escarpe ou du parapet, servait à leur donner un point d'appui solide au moyen duquel ils pouvaient s'élever davantage ou se rapprocher de la crête. Quant aux camarades qui venaient après eux, ils n'eurent, pour parvenir au haut du parapet, que l'aide des mains ou bien des épaules de ceux qui les suivaient eux-mêmes dans cette ascension aussi difficile que périlleuse.

Deux bataillons et 2 compagnies du 7ᵉ de ligne se jetèrent, comme le 2ᵉ bataillon du 1ᵉʳ régiment de zouaves, sur le saillant de l'ouvrage, mais un peu sur la gauche de ce bataillon (au point M). Ils se répandirent dans le fossé depuis la gauche des zouaves jusqu'à l'angle que fait le saillant de Malakoff avec le grand retranchement des batteries Gervais. Le reste du régiment (4 compagnies) ne fut point obligé de se jeter dans le fossé, et put se servir d premières échelles que le génie venait de jeter pour un pont au saillant (au point coté **M**). Du fond du fossé et du saillant, par ce pont improvisé, le 7ᵉ de ligne escalada le parapet presqu'en même temps que les zouaves, et après quelques minutes sa tête de colonne paraissait sur la crête.

Arrivées ainsi sur le haut du parapet, les têtes de colonne du 1ᵉʳ de zouaves et du 7ᵉ de ligne eurent un combat furieux à engager avec les Russes. Abordés par nos soldats avec une impétuosité qui ne leur permettait plus de continuer à rester à côté de leurs bouches à feu qui avaient des vues sur notre ligne d'attaque, les canonniers russes s'étaient élancés de leurs plates-formes sur le parapet ou dans les embrasures, pour joindre leurs efforts à ceux de leurs camarades fantassins placés sur les banquettes. Ils essayèrent de rejeter les assaillants dans le fossé, en cherchant à les assommer à coups de refouloirs et d'écouvillons, au fur et à mesure qu'ils arrivaient sur eux. Pendant quelques instants, la bayonnette et l'arme blanche furent seules mises en jeu par les combattants des deux côtés; peu de coups de fusils se firent entendre dans cette lutte héroïque. Il faut rendre cette justice à nos adversaires, qu'ils combattaient là en gens décidés à mourir et à ne pas lâcher pied. La plupart de ceux qui couronnèrent ainsi le saillant de Malakoff, pour contenir le flot grossissant de nos soldats, y trouvèrent une mort honorable.

Un feu roulant de mousqueterie, partant des premières traverses intérieures de l'ouvrage, tua ou mit hors de combat bon nombre de nos zouaves et de nos fantassins du 7ᵉ de ligne, au moment où ils se précipitèrent du haut du parapet sur les pièces de l'ennemi et sur le terre-plein de la tour en ruine de Malakoff (**A**). Toutefois, lorsque après quelques minutes de ce 1ᵉʳ combat corps à corps le sommet de la plus grande partie du retranchement compris entre la courtine du petit Redan et les batteries Gervais, se trouva assez fortement occupé par nos troupes, les défenseurs russes se replièrent vivement, abandonnant les trois petites traverses a, b, c, rapprochées du réduit de la tour A (1). Ils couronnèrent alors fortement les trois grandes traverses B, C, D.

Cent quarante à cent cinquante Russes, surpris et débordés par leur droite et par leur gauche, n'eurent pas le temps de suivre ce mouvement rétrograde de la défense : ils furent réduits à se réfugier en désordre dans la casemate crénelée de la tour. Pendant une heure environ ils y demeurèrent barricadés, faisant feu des créneaux sur l'espace qui sépare l'entrée de la tour de la traverse E ; ils nous tuèrent ou blessèrent un certain nombre d'hommes. On mit le feu à quelques gabions à l'entrée du réduit pour remplir la tour de fumée et les obliger à se rendre. Comprenant que toute défense ultérieure leur serait inutile, ils se constituèrent prisonniers (2).

Le 1er régiment de zouaves et le 7e de ligne attaquèrent bientôt la 2e ligne de défense de l'ennemi, formée par les traverses B, C, D. Pendant qu'une fraction de ces deux corps se jetait en avant, par l'ouverture qui sépare les traverses C et D, une autre escaladait les petites traverses a, b, c, et dirigeait de là un feu nourri sur l'ennemi. La masse principale abordait à la baïonnette le sommet des traverses C et D; et enfin, plus à gauche, quelques compagnies du 7e de ligne se pro-

---

(1) Ce fut à ce moment de l'attaque que fut grièvement blessé le colonel d'état-major de La Tour Dupin, qui avait réclamé du général de Mac Mahon la faveur de s'adjoindre comme volontaire aux officiers de son état-major. Cet officier supérieur mourut plus tard des suites de sa blessure, comme il rentrait en France.

(2) Un colonel russe se trouvait à la tête de ces prisonniers; il fut tué d'un projectile russe alors que sorti de Malakoff on le conduisait avec le détachement de prisonniers au grand quartier général de l'armée française.

longeaient sur la grande face ouest de Malakoff, gagnant du terrain et s'avançant insensiblement d'embrasures en embrasures jusque vers le point P (voir le plan).

Dans ce moment la tête de la brigade Vinoy arrivait dans Malakoff pour prendre une part active au combat. Les corps de cette brigade avaient suivi sans interruption ceux de la 1re, des 7e et 6e parallèles dans lesquelles on les avait massés avant l'attaque, ils avaient marché dans l'ordre suivant :

Le premier bataillon des chasseurs à pied ;
Le 20e de ligne ;
Le 27e de ligne.

Le 1er bataillon de chasseurs à pied qui suivait les traces du 7e de ligne, voyant le gros de ce régiment entré dans Malakoff, se jeta du parapet du saillant qu'il venait de franchir dans le grand retranchement des batteries Gervais fortement occupé par l'ennemi. Il en tua ou chassa les défenseurs, s'empara, en se prolongeant au pas de course sur tout le développement du retranchement, de toutes les pièces russes et ne s'arrêta dans ce mouvement qu'à l'extrémité des batteries, là où ce retranchement tombe dans le fond du ravin de Karabelnaïa et se lie aux ouvrages russes du grand Redan. Il se maintint solidement dans cette position, ripostant au feu des nombreux tirailleurs de l'ennemi, embusqués dans les masures du faubourg de Karabelnaïa, et répondant aussi un peu plus tard au feu des troupes russes, qui étaient sorties du grand Redan pour se porter sur les batteries Gervais (1).

Pendant ce mouvement du 1er bataillon de chasseurs, le 1er régiment de zouaves et le 7e de ligne avaient débusqué l'ennemi des traverses B, C, D, et l'avaient rejeté derrière une troisième ligne de défense, formée par

---

(1) Après l'attaque infructueuse des Anglais sur le grand Redan.

les traverses G, F, E. Plusieurs fois les têtes de colonne de ces deux corps essayèrent de forcer cette ligne; le 7e de ligne, en escaladant le retranchement Q R de la face O de Malakoff; le 1er de zouaves, en débouchant par les défilés qui séparent les traverses G et F et F et E. La résistance fortement organisé sur ces traverses et en arrière des débouchés qu'il fallait franchir avait obligé chaque fois ces têtes de colonne à rétrograder pour aller se constituer plus fortement. Il résulta de ces premières attaques infructueuses un temps d'arrêt dans notre mouvement en avant, qui permit à la 2e brigade d'arriver sur le lieu de l'action et de joindre ses efforts à ceux des premiers régiments engagés.

Le 20e avait franchi le fossé, un peu à droite du point ou le 1er bataillon des zouaves l'avait franchi lui-même. Il avait ensuite marché dans les traces de ce bataillon, avait couronné la traverse E et une partie de la face est, se dirigeant sur cette face vers le point R. Définitivement il était parvenu à déloger les défenseurs de la traverse E et s'était massé en partie derrière la traverse H, se disposant à l'escalader et à la tourner par la droite. Pendant ce temps le 27e, qui était entré dans l'ouvrage à la suite du 20e, s'étant aussi répandu le long de la crête de la face est, était parvenu au point R, flanquant par ce mouvement la portion du 20e massée derrière la traverse H, et prenant de flanc ou d'écharpe les défenseurs des traverses H F et G. Ceux-ci, concentrés par leurs mouvements successifs rétrogrades, nous présentaient alors des masses assez imposantes. Peut-être même, à cet instant, venaient-ils de recevoir des renforts venus de l'extérieur. Quoiqu'il en puisse être de cette dernière supposition, ils paraissaient prendre leurs dispositions pour un retour offensif, fortement organisé. Le général commandant la division expédia, en toute hâte, tous les officiers de son état major, pour hâter l'arrivée du régiment des zouaves de la garde et celle de la brigade Wimffen. Dans ce même moment apparaissait sur la courtine le 3ᵉ régiment de voltigeurs de la garde impériale, réserve de la division de La Motterouge. Le général Vinoy, ne voyant point déboucher encore la brigade de soutien, crut devoir réclamer sa coopération. Il fit dire au colonel Douay, son colonel, que la présence de ses voltigeurs, qui ne paraissait plus nécessaire sur la courtine, pouvait être très utile dans Malakoff, et le colonel prit aussitôt ses dispositions pour y amener son 3ᵉ bataillon. Mais pendant que ces ordres d'arriver parvenaient à la brigade Wimffen, brigade de réserve, au régiment des zouaves et au 3ᵉ bataillon des voltigeurs de la garde, un mouvement d'élan magnifique eut lieu dans tous les corps de la 1ʳᵉ division. La 1ʳᵉ brigade à la voix de ses chefs de corps, et la 2ᵉ à celle du général Vinoy, s'élancèrent en même temps sur les traverses GFH. Les plus intrépides, arrivés les premiers au sommet, passèrent sur le corps des Russes, qui essayèrent d'y tenir. Ils culbutèrent ceux qui se trouvaient au pied des talus, et ne s'arrêtèrent dans leur charge que lorsqu'ils eurent balayé le terre plein GFHIRQ, et qu'ils se furent emparés du sommet de la traverse I.

Ce suprême effort, couronné du plus heureux succès, décida de la prise définitive de tout l'espace qui nous restait encore à conquérir dans l'intérieur de l'ouvrage. Les Russes essayèrent de se reformer derrière les traverses JKNSTL. Pendant quelques instants ils les défendirent avec une certaine obstination, mais se voyant bientôt débordés à droite et à gauche par nos troupes qui gagnaient du terrain sur la crête des parapets des deux faces E et O de Malakoff, comprenant que nous allions les tourner et leur couper la retraite du côté de la gorge, ils évacuèrent la forteresse et allèrent occuper en arrière les ruines de Karabelnaïa, les retranchements de la 2ᵉ enceinte parallèle à la courtine et celui qui lie la gorge de Malakoff avec la grande caserne de Karabelnaïa. De ces ruines et de ces retranchements, ils continuèrent à diriger un feu très vif de mousqueterie sur celles de nos troupes qui garnissaient les parapets de Malakoff. Après ce combat, dont nous venons de rendre compte, combat qui nous avait complètement rendus maîtres de Malakoff, les batteries russes de la baie de l'Arsenal, du grand Redan et du côté nord de Sébastopol, redoublèrent leurs feux d'intensité, concentrant leur action sur le point capital que nous venions d'enlever. Pour en atténuer autant que possible les effets meurtriers, nos bataillons, moins inquiétés par la fusillade, reçurent l'ordre de s'établir le long des parapets et derrière les traverses qui pouvaient les garantir des projectiles pleins ou creux tombant incessamment dans l'intérieur de l'ouvrage.

Le 1er régiment de zouaves avait beaucoup souffert; le général commandant lui donna l'ordre de sortir de Malakoff et d'aller reprendre dans la 7e parallèle la position qu'il y avait occupée avant le moment de l'assaut. Déjà plusieurs explosions de mines avaient eu lieu dans les retranchements russes les plus voisins de Malakoff. L'une d'elle s'était produite au centre de la courtine, à peu près vers l'instant où l'ennemi évacuait cet ouvrage; il était bien à présumer que les Russes allaient faire jouer quelques fourneaux de mine dans l'intérieur de Malakoff même. Sous la pioche de nos sapeurs du génie occupés à éteindre l'incendie à l'entrée du réduit de la tour, on venait de découvrir des fils électriques communiquant de l'intérieur de la place avec le réduit de la tour. Tout indiquait que ces fils étaient préparés pour mettre le feu à ces fourneaux de mine. En prévision donc d'une forte explosion qui pouvait faire sauter l'ouvrage, il fut prescrit au colonel du 1er régiment de zouaves de se jeter de nouveau sur la position de Malakoff et de nous en assurer la possession dès que les mines auraient joué.

Pendant que le 1er régiment de zouaves exécutait son mouvement, pour aller se masser dans la 7e parallèle, la brigade de soutien, le régiment de zouaves de la garde et le 3ᵉ bataillon du régiment des voltigeurs entraient dans Malakoff pour s'y joindre aux troupes de la 1ʳᵉ division ; ils y pénétrèrent et s'y établirent ainsi que nous allons le dire. Mais il est bon d'établir qu'avant leur arrivée le 7ᵉ de ligne occupait, à la gauche de la gorge, le parapet MU de la face nord et le parapet ORQP de la face O, tandis que les 20ᵉ et 27ᵉ garnissaient, de leur côté, à la droite de la gorge le parapet X de la face nord et toute la face E de l'ouvrage.

La brigade de réserve (brigade Wimffen) avait été massée avant l'heure indiquée pour l'assaut, dans le fond du ravin de Karabelnaïa, vers le point où la 5ᵉ parallèle tombe dans le ravin. Entendant le bruit de la fusillade très vive qui suivit le premier moment de notre attaque, au saillant de Malakoff, le général Wimffen, pour la rapprocher du lieu de l'action, l'avait portée dans les communications de la 5ᵉ à la 6ᵉ parallèle en avant et un peu sur la droite du mamelon vert (redoute Brounon). C'est de là que sur l'ordre du général commandant la colonne d'assaut, la brigade de réserve se porta à toutes jambes et négligeant de suivre les tranchées, droit sur le saillant de Malakoff, afin de suivre le mouvement du 27ᵉ et d'appuyer la brigade Vinoy. Les régiments y arrivèrent dans l'ordre suivant :

Le régiment des tirailleurs algériens ;
Le 3ᵉ régiment de zouaves ;
Le 50ᵉ de ligne.

De son côté, le régiment des zouaves de la garde, après avoir suivi dans la 5ᵉ parallèle le mouvement du 27ᵉ, avait ensuite abandonné les traces de ce régiment et s'était porté en ligne droite dans l'angle formé par la courtine et le saillant de Malakoff. Il se trouvait ainsi sur la droite du 1ᵉʳ régiment de zouaves lorsque celui-ci fut entré dans les tranchées. Là il reçut un ordre du général commandant d'entrer dans l'ouvrage, et il le fit dans le moment où la tête de la brigade Wimffen y entrait elle-même. Le 3ᵉ bataillon du 3ᵉ voltigeurs de la garde exécuta ce même mouvement, conjointement avec le 3ᵉ régiment des zouaves. Ce bataillon fut suivi par un fort détachement du 2ᵉ régiment des grenadiers de la garde et par une 1/2 compagnie de voltigeurs (1) du 100ᵉ régiment qui, mitraillés sur la courtine et n'ayant plus d'effet utile à y produire, se trouvèrent en quelque sorte entraînés, par un mouvement instinctif, vers la position où nos troupes étaient victorieuses.

Ces nombreux renforts, accumulés dans Malakoff, permirent au général de Mac Mahon de donner des positions moins périlleuses à celles de nos troupes qui combattaient depuis plusieurs heures. Il fit répartir les différents corps de la manière suivante, sur les parapets et dans le terre-plein de Malakoff.

Le 7ᵉ de ligne, qui avait fait de grandes pertes, fut relevé à la gorge, sur les faces nord et ouest de l'ouvrage, par le régiment des tirailleurs algériens et par le 3ᵉ régiment de zouaves. Les tirailleurs algériens garnirent les parapets M U O ayant une réserve en arrière du parapet MU. Le 3ᵉ de zouaves et le 50ᵉ de ligne se postèrent sur le parapet de O en Q, ayant leur réserve derrière les petites traverses qui couvrent la gorge. Le 7ᵉ de ligne prit position derrière la traverse G garnissant le parapet PB, et se liant par sa droite au 50ᵉ de ligne.

Le 20ᵉ et le 27ᵉ de ligne restèrent dans les positions qu'ils occupaient, mais ils furent renforcés sur les faces nord et est, d'une part, par le 3ᵉ bataillon des voltigeurs de la garde qui établit une partie de son monde sur le parapet de X en V, le reste du bataillon étant massé en réserve derrière la traverse N; d'autre part, par deux compagnies des zouaves de la garde. Le général Vinoy plaça une de ces compagnies sur le parapet, à la droite de la gorge, l'autre dans le fossé de la

---

(1) Avec cette section se trouvaient le drapeau du régiment, sa garde et 6 sapeurs. L'autre section était demeurée sur la courtine, près du saillant de Malakoff.

face nord, depuis la gorge jusqu'au 2° retranchement de la 2° enceinte russe. Une compagnie de chasseurs à pied du 1er bataillon fut placée dans le fossé, à la droite des zouaves de la garde, vers l'angle des faces nord et est. Le régiment des zouaves de la garde, moins les deux compagnies dont il est question ci-dessus, fut placé en réserve derrière les traverses G F E; le détachement du 2° régiment des grenadiers de la garde et la 1/2 compagnie de voltigeurs du 100°, derrière les traverses C et B.

Pendant que notre brigade de réserve entrait dans Malakoff, l'ennemi n'était point demeuré inactif et n'avait pas complètement renoncé à nous disputer la possession de cet ouvrage. Nos troupes avaient à peine achevé leurs mouvements pour prendre les positions que nous venons d'indiquer, que tout à coup nous aperçûmes des colonnes russes derrière la communication qui va de la gorge de Malakoff à la caserne de Karabelnaïa, et derrière les ruines du faubourg. Une de ces colonnes, forte de 12 à 1500 hommes, suivit la grande communication pour venir attaquer de front la gorge de Malakoff. Reçue avec une extrême vigueur, par le régiment des tirailleurs algériens, par les zouaves de la garde, et une partie des 20° et 27° de ligne, elle fut, quelques minutes après un combat des plus vifs, forcée de battre en retraite, laissant un grand nombre de cadavres sur le terrain. Quelques officiers et soldats russes arrivèrent avec une intrépidité rare jusque dans la gorge de Malakoff, et y tombèrent sous les bayonnettes de nos soldats. Ce fut en cherchant à leur barrer le passage que le lieutenant colonel Roques du régiment des tirailleurs algériens fut tué d'une balle russe, comme il plaçait lui-même un gabion au milieu de la gorge, pour indiquer à ses soldats ce qu'ils avaient à faire pour en fermer l'entrée.

Une autre colonne russe, de même force que la première, sortit de la grande communication, laissa Malakoff à gauche et marcha sur les batteries Gervais. Mais prise en flanc par celles de nos troupes qui garnissaient le parapet de la face ouest, et par deux compagnies du 3ᵉ de voltigeurs de la garde, qui venaient de se jeter dans le fossé de cette face, recevant de front le feu du 1ᵉʳ bataillon de chasseurs à pied, elle tourbillonna bientôt et rentra dans la communication d'où elle était sortie.

Une troisième colonne russe, enfin, débouchant des ruines de Karabelnaïa, vint attaquer l'angle nord-est de Malakoff avec l'intention d'y essayer un assaut. Mais elle fut bientôt arrêtée, devant une vive fusillade dirigée sur elle du haut des parapets, par les zouaves de la garde, les 20 et 27ᵉ de ligne et le 3ᵉ bataillon des voltigeurs de la garde. La compagnie du premier bataillon de chasseurs à pied qui avait été placée dans le fossé, sur ce point même, concourut puissamment à jeter le désordre dans les rangs et à lui faire rebrousser chemin. Il était trois heures ou trois heures et demie, quand la retraite de ces trois colonnes russes mit fin à la série des combats que nos troupes eurent à soutenir dans l'intérieur de Malakoff. A dater de cette heure, elles n'eurent plus à répondre qu'à une fusillade plus ou moins vive, mais la lutte sérieuse était terminée. Néanmoins, elles demeurèrent pendant toute la nuit du 8 au 9 septembre dans les emplacements qui leur avaient été assignés sur les parapets et derrière les traverses. Le lendemain matin, lorsque les russes eurent évacué la partie sud de Sébastopol, la brigade Wimffen, les zouaves, les grenadiers et les voltigeurs de la garde reçurent l'ordre de regagner leurs campements. Deux bataillons de la division Mac Mahon restèrent seuls pour la garde de l'enceinte; le reste de la division s'établit dans la 7ᵉ parallèle et dans le petit Redan; à six heures du soir la division entière rentra dans ses campements.

Nous pourrions terminer ici cette note dont le but

était d'exposer avec plus de détail que n'ont pu en donner les rapports officiels, le rôle de chacun des corps d'infanterie dans l'assaut de Malakoff. Nous ajouterons quelques lignes pour indiquer succinctement le concours qui leur fut prêté par les armes spéciales de l'artillerie et du génie.

Un détachement de canonniers, sous la direction d'un chef d'escadron, le commandant Joly Frigola, avait été mis à la disposition du général de Mac Mahon, avec la mission d'enclouer ou de désenclouer les pièces de l'ennemi, selon que les circonstances le voulaient, aussitôt qu'elles seraient tombées en notre pouvoir. Ce détachement devait ensuite exécuter dans Malakoff les travaux spéciaux à l'arme qui seraient nécessaires pour la défense ultérieure de la position.

Une fraction du détachement, sous les ordres d'un capitaine (1), était chargée d'amener dans le retranchement ennemi six petits mortiers, destinés à agir soit contre les batteries russes les plus voisines, soit contre les réserves d'infanterie que la défense, suivant toute probabilité, ferait agir en arrière de Malakoff et du petit Redan.

Les canonniers russes, forcés d'abandonner leurs pièces une à une au fur et à mesure que nos soldats gagnaient du terrain et les obligeaient à la retraite, avaient eu le soin de les enclouer. Ils avaient brisé la plupart des refouloirs et des écouvillons, afin de nous ôter tout moyen de nous servir immédiatement de leurs bouches à feu. La section des petits mortiers entra dans Malakoff avec la tête de la 2ᵉ brigade de la division, elle envoya quelques bombes dans la direction du faubourg de Karabelnaïa et dans celle du petit Redan, sur les masses russes qui restaient formées en arrière de cet ouvrage.

Le chef d'escadron, commandant l'artillerie, prit

(1) Le capitaine Gouy.

ses dispositions pour armer aussitôt que possible les faces nord-est et ouest de Malakoff de quelques pièces légères, en prévision d'un assaut que nous pouvions avoir à y soutenir le lendemain matin. Des embrasures furent préparées pour une dizaine de pièces de campagne. Vers 10 heures 1/2 ou 11 heures du soir, ces pièces étaient en batteries. Pendant l'exécution des travaux, le commandant de l'artillerie reconnaissait le matériel enlevé à l'ennemi (76 bouches à feu en état de servir, 40 pièces mises hors d'état de servir, par l'effet de notre tir pendant la durée du siège, 24 pièces en bon état dans les batteries Gervais, en tout 140 pièces de divers calibres, dont onze en bronze); il visitait un à un tous les abris construits dans l'épaisseur des parapets et des traverses, et faisait enlever les munitions d'infanterie qui s'y trouvaient en quantités considérables.

Un chef de bataillon du génie (le commandant Ragon) avait été chargé de marcher avec un détachement de sapeurs et de suivre la tête de la colonne d'assaut. Ce détachement avait pour mission de jeter sur le fossé du saillant un pont d'échelles assez solide et assez large pour y permettre le passage à 3 ou 4 hommes de front. Les échelles, d'une portée de 7 mètres, avaient été confiées à un détachement de grenadiers du 7e de ligne qui, préalablement, avaient été exercés à les manœuvrer. Ce ne fut qu'au prix d'efforts inouïs que ces grenadiers parvinrent à les transporter dans les tranchées et purent les faire arriver sur les bords du fossé. Le 1er régiment de zouaves et le 7e de ligne avaient presqu'en totalité franchi le fossé quand la première échelle y fut jetée; en peu de minutes une 2e, une 3e et une 4e échelle furent placées à côté de celle-là, et si promptement que les dernières compagnies du 2e bataillon de zouaves et du 7e de ligne purent passer sur ce pont improvisé. Ce fut un immense secours pour les troupes qui suivirent, de n'avoir point à se jeter, comme avaient ait les tètes de colonne, dans un fossé de 7 mètres de profondeur, avant d'aborder et d'escalader le parapet. Les corps de la brigade Vinoy et ceux de la brigade Wimffen arrivèrent ainsi beaucoup plus vite sur le lieu du combat, qu'ils n'eussent pu le faire sans ce pont. Après avoir assujetti solidement son pont d'échelles, le chef du génie employa sur le champ ses sapeurs à établir un boyau de communication entre le pont et la 7ᵉ parallèle. Ce travail était nécessaire pour mettre les troupes qui entraient dans Malakoff et les blessés qui en sortaient, à l'abri des feux partant du retranchement de la 2ᵉ enceinte, et de la mitraille venant des bateaux à vapeur embossés dans le fond du port. Ce travail terminé, le génie construisit dans la partie où la courtine se lie à Malakoff, un second pont destiné au passage des pièces de campagne qu'on devait amener pendant la nuit dans l'intérieur de l'ouvrage. Ce pont, commencé à la nuit tombante, était achevé avant 10 heures.

PERTES ÉPROUVÉES PAR LES CORPS D'INFANTERIE
A L'ASSAUT DE MALAKOFF.

1ʳᵉ *Division de Mac-Mahon, sur un effectif présent de 199 officiers et 4520 bayonnettes.*

Officiers tués . . . . 29 ⎫
  id.   blessés . . . 89 ⎬ hors de combat : 2090
Sous-offic. et soldats tués 243 ⎪
  id.   id. blessés 1729 ⎭

2ᵉ *Brigade de réserve, sur un effectif présent de 101 officiers et 2000 bayonnettes.*

Officiers tués . . . . 7 ⎫
  id.   blessés . . . . 25 ⎬ hors de combat : 637
Sous-of. et soldats tués . 95 ⎪
  id.   id. blessés . 510 ⎭

3° *Régiment des zouaves de la garde, sur un effectif présent de* 27 *officiers et* 600 *bayonnettes.*

Officiers tués 3
  id. blessés . . . 13
Sous-offic. et soldats tués 49
  id.   id. blessés . 246
} hors de combat : 311

4° *3ᵉ bataillon du 3ᵉ régiment des voltigeurs de la garde, sur un effectif de* 13 *officiers et* 370 *bayonnettes.*

Officiers tués 1
  id. blessés . . . 5
Sous-offic. et soldats tués 32
  id.   id. blessés . 101
} hors de combat : 139

5° *Détachement du 2ᵉ régiment des grenadiers de la garde, sur un effectif présent de* 13 *officiers, et* 244 *bayonnettes.*

Officiers tués . . . . »
  id. blessés 2
Sous-offic. et soldats tués. 4
  id.   id. blessés 41
} hors de combat : 47

6° *Compagnie de voltigeurs du* 100ᵉ *de ligne, sur un effectif présent de* 3 *officiers et* 77 *bayonnettes.*

Officiers tués . . . . »
  id. blessés 2
Sous-offic. et soldats tués. 15
  id.   id. blessés. . 20
} hors de combat : 37

Officiers supérieurs tués (corps de la ligne).

Adam, colonel du 27ᵉ de ligne, tué dans Malakoff après l'évacuation des Russes.

Roques, lieutenant colonel du régiment de tirailleurs algériens.

Lauer, chef de bataillon au 1ᵉʳ régiment des zouaves.
Iratsoquy, id. id. au 27ᵉ de ligne.
Dugardin, id. id. au 50ᵉ de ligne.

Officiers supérieurs blessés, (corps de la ligne).

Collineau, colonel du 1ᵉʳ régiment de zouaves.
Orianne, colonel du 20ᵉ de ligne.
Maussion, lieutenant colonel du 7ᵉ de ligne.
Mermet, id. id. du 20ᵉ de ligne.
Gambier, chef de bataillon, commandant le 1ᵉʳ bataillon, de chasseurs à pied.
De Camas,
Rivière, } chef de bataillons au 7ᵉ de ligne.
Poupart,
Schabert, } chefs de bataillon au 27ᵉ de ligne.
Werbel,

Officiers supérieurs blessés (corps de la garde).

Jannin, colonel du régiment des zouaves de la garde.
Nayral, lieutenant colonel du même corps.
Champion, chef de bataillon au 3ᵉ de voltigeurs de la garde.

Officiers supérieurs blessés (corps d'état major.)

De La Tour Dupin, colonel, blessé.
Braux, capitaine, blessé.

Autun, impr. Duployer

CROQUIS de L'OUVRAGE de MALAKOFF

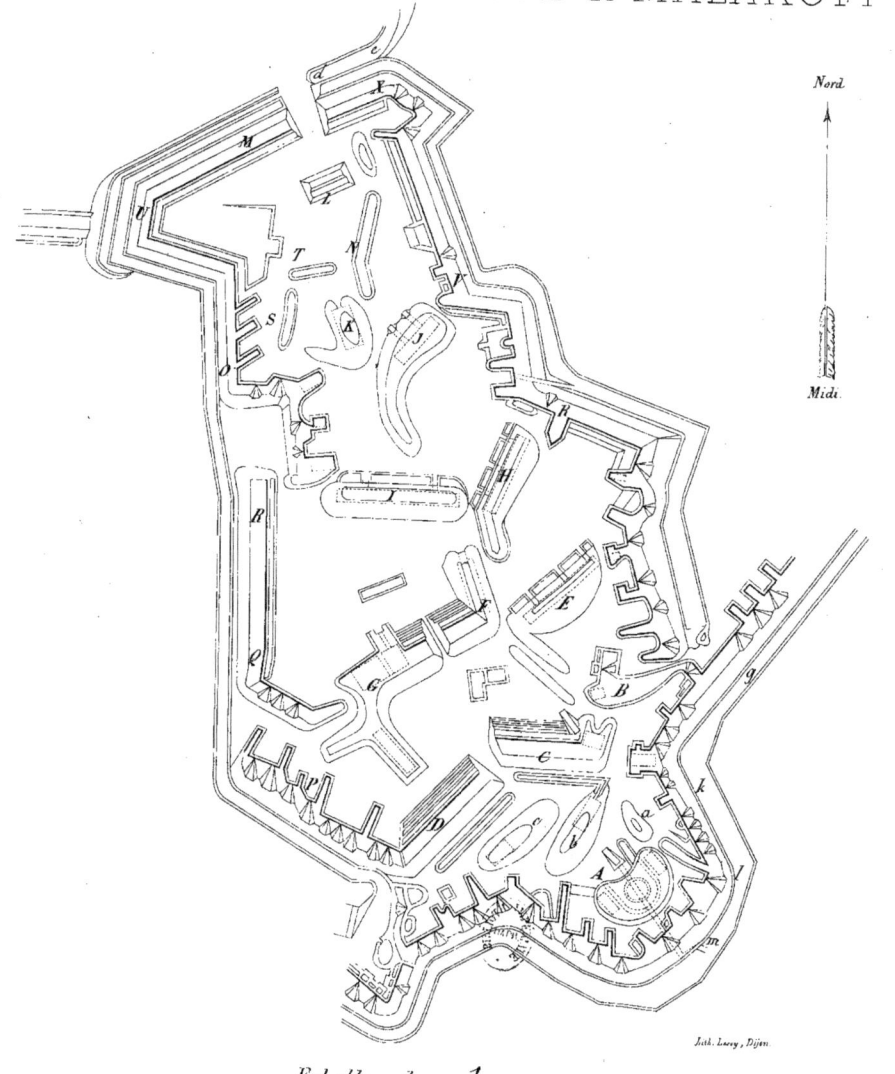

Echelle de $\frac{1}{20,000}$

www.ingramcontent.com/pod-product-compliance
Lightning Source LLC
Chambersburg PA
CBHW060917050426
42453CB00010B/1779